DES ÉVÈNEMENTS

DE

TOULOUSE.

Imp. Félix Locquin, 16, r. N.-D. des Victoires.

DES ÉVÈNEMENTS

DE

TOULOUSE

Par M. Félix SOLAR,

Ancien Rédacteur en chef du COURRIER DE BORDEAUX.

———— ❦ ————

PARIS

DELLOYE, LIBRAIRE,

13, RUE DES FILLES-SAINT-THOMAS.

1841

DES ÉVÈNEMENTS

DE

TOULOUSE.

Peu de jours avant sa mort, M. Henri Fonfrède écrivait à un de ses amis, à propos des évènements de Toulouse, qu'à ses yeux ils avaient surtout une haute *gravité morale*. La mort n'a pas permis à cette plume éloquente par la logique et par le

cœur, qui s'est brisée au service de la monarchie (1), de développer cet aspect fécond des évènements de Toulouse. Je l'essaierai à son défaut,
enhardi par les souvenirs d'une collaboration qui,
si elle ne m'a pas légué le talent du maître, m'a
légué du moins l'habitude de ne jamais reculer devant ma pensée.

J'entre en matière sans autre préambule.

La sédition matérielle s'est déplacée; elle s'est
éloignée de la capitale pour se réfugier dans les départements.

(1) Je vais publier, avec le concours des amis de M. Fonfrède,
d'abord, ses articles politiques épars dans divers journaux, mais
qui forment un corps de doctrines, remarquable, quoi qu'on en
ait dit, par son unité ; puis, sa correspondance qui embrasse
un espace de vingt années, et qui forme une histoire politique
de la Restauration et des onze années qui ont suivi la révolution de juillet, aussi originale que profonde. On trouvera en-
fouis dans cette correspondance bien des faits nouveaux, bien
des aperçus ingénieux. Pendant les onze années qui viennent
de s'écouler surtout, M. H. Fonfrède a touché à toutes les choses et à tous les hommes. J'espère que ce travail pourra paraître
au commencement de la prochaine session.

La sédition morale a toujours son foyer à Paris; elle est au cœur même de l'État; elle est dans la chambre et presque dans les ministères.

Le déplacement de l'émeute s'explique aisément. D'abord, les moyens de répression sont nombreux et puissants dans Paris. L'expérience des émeutes qui ont suivi la révolution de juillet a conduit à la recherche et à la découverte des moyens répressifs les plus efficaces. Si la tentative de l'émeute est encore possible à Paris, le développement de l'émeute y offre des difficultés à peu près insurmontables. Ensuite, de grands travaux tiennent et tiendront occupée pendant longtemps encore la population ouvrière qui afflue dans la capitale. Cette population, quand elle souffre et qu'elle est oisive, est un des éléments les plus actifs de l'émeute. Ainsi, d'une part, accroissement et progrès dans les moyens de répression; de l'autre, diminution des forces actives de l'émeute : telles sont les deux causes de la suspension de la sédition matérielle à Paris.

Au contraire, les moyens de répression sont à peu près nuls dans quelques localités départementales, et insuffisants dans presque toutes les autres. Il ne peut en être autrement. On ne peut consacrer l'armée entière à un service de police, et faire de chaque bourgade une place fortifiée.

En outre, les souffrances des classes inférieures et même des classes moyennes sont vives dans certains départements, et surtout dans ceux du midi, adonnés à l'agriculture et spécialement à la culture de la vigne. Ces souffrances sont réelles et elles sont encore exagérées peut-être par les imaginations méridionales. C'est, par exemple, un beau champ pour les agitateurs que le midi vinicole, un champ qu'ils s'efforceront de féconder !

Ainsi, tout ce qui favorise la sédition matérielle se rencontre dans les départements méridionaux : insuffisance de moyens répressifs, population exaltée et en souffrance.

La coalition des légitimistes et des démocrates, dont le fatal exemple fut donné contre l'administration du 15 avril, ou plutôt contre la royauté, par la chambre elle-même, s'est perpétuée dans le midi. On s'est partagé tacitement les rôles ; les légitimistes (1) préparent et favorisent ; les démocrates se réservent d'agir et agissent : tous suivent un plan fort habile. Ils voilent momentanément leur drapeau et ne s'adressent qu'aux intérêts locaux et individuels. L'esprit de parti en a presque fait des philosophes à la façon de Larochefoucault.

Les souffrances des viticoles dans le midi datent de fort loin, et le temps n'a fait que les accroître. L'antagonisme du nord, armé du système protecteur, a opposé une barrière jusqu'à ce jour insurmontable au soulagement que les viticoles du midi auraient droit d'attendre des progrès de l'économie commerciale. Ces intérêts, constamment froissés, ont songé à s'associer pour constituer une

(1) Certains légitimistes : une distinction est ici nécessaire entre ce que j'appellerai les *légitimistes démocrates* et les *légitimistes monarchiques*. Ces derniers, fidèles à d'honorables souvenirs, sont incapables de sacrifier le pays aux démocrates pour satisfaire leurs passions.

force plus imposante à l'appui de leurs doléances. Un comité fondateur a été organisé dans ce but, à Bordeaux , par des hommes honorables, et dont la plupart sont dévoués au gouvernement du roi. A ce comité fondateur on a rattaché des comités d'arrondissements dans la Gironde et des comités affiliés dans tous les départements vinicoles. Cette espèce de fédération d'intérêts a reçu enfin une dénomination unitaire : elle s'appelle l'*Union vinicole*, à l'imitation peut-être de l'*Union irlandaise*.

Je commence par déclarer qu'en tant que moyen de défense des intérêts vinicoles, j'applaudis à l'*Union vinicole*. Je suis du midi et propriétaire de vignes : mes sympathies trouveraient une double satisfaction dans le succès de réclamations des viticoles. Ils ont, sinon créé, du moins constitué par l'association une force imposante. C'est bien. Il s'agit maintenant d'user de cette force avec prudence, et de ne pas permettre qu'on l'emploie dans un but politique et contre la monarchie, à l'insu de ceux-là même qui l'ont constituée.

J'espère qu'on n'y parviendra pas ; mais je dois le dire, parce que c'est la vérité d'abord, ensuite parce que c'est rendre service à l'*union vinicole* que de la mettre en garde contre les meneurs occultes qui voudraient la faire dévier : la coalition carlo-démocratique a le projet d'exploiter l'*union vinicole* au profit de ses passions politiques ; elle veut ameuter des intérêts en souffrance contre le gouvernement du roi, non pas tant pour donner satisfaction à ces intérêts que pour susciter des embarras à ce gouvernement. M. Henri Fonfrède, élu vice-président du comité fondateur de la Gironde, s'était promptement aperçu du but que se proposait la coalition carlo-démocratique du midi, et il contribua pour beaucoup par l'attitude réservée et presque défiante qu'il prit à l'égard, non pas des personnes, mais des actes du comité, à intimider les agitateurs et à leur faire suspendre leurs projets. J'ai eu à ce sujet de nombreuses conversations avec M. Henri Fonfrède, qui, comme on le sait, avait l'instinct des hommes et des évènements. Elles ne m'ont laissé aucun doute sur le plan de la coalition des légitimistes et des démocrates. Aujourd'hui la mort de M. H. Fonfrède va leur laisser le champ libre : je crois faire œuvre de bon citoyen et acquitter en même temps un legs de mon illustre collaborateur au *Courrier de Bordeaux*, en conjurant les hommes honorables qui ont fondé l'*union vinicole* de se tenir en garde contre certaines influences politiques. Le dirai-je! qu'ils se tiennent en garde contre eux-mêmes ; qu'ils modèrent l'expression de souffrances trop réelles, mais dont la vivacité pourrait être exploitée par les ennemis de l'ordre et de la monarchie. La Gironde a une députation sage, habile et modérée ; que le comité vinicole de la Gironde ne cherche pas à diriger sa députation, mais se laisse plutôt diriger par elle. La députation est beaucoup mieux placée que le comité pour juger de l'opportunité et de la convenance des réclamations. Que l'*union vinicole* du midi ne perde pas de vue qu'elle a en face d'elle le *nord* attentif à profiter de toutes ses fautes, à abuser d'un mot imprudent, et qui saisirait avec empressement l'occasion de métamorphoser aux yeux de la chambre et du pouvoir une union économique en union politique, et de découvrir, par exemple, des *comités électoraux* sous des comités *vinicoles*.

Les mêmes passions qui se proposent d'exploiter l'*union vinicole* ont préparé peut-être et favorisé à coup sûr l'émeute de Toulouse. La coalition carlo-républicaine est encore là-dessous. Voyez plutôt : depuis quelques mois, les journaux du parti prêchent le refus de l'impôt ; l'opposition au recensement aboutit en définitive à empêcher la perception de l'impôt ; c'est donc un commencement d'exécution de la théorie de ces journaux. On remarquera en outre que Toulouse est la ville légitimiste et républicaine par excellence dans le midi. Ce devait être nécessairement le premier champ de bataille de la coalition carlo-républicaine méridionale. Cette coalition a voulu seulement dans l'émeute de Toulouse tâter le pouls au pouvoir. Elle a dû trouver le pouls du malade singulièrement diminué. Cette tentative sera probablement suivie de bien d'autres. La coalition tient en réserve les

intérêts vinicoles, prétexte bien autrement spé-
cieux que les formes plus ou moins légales du recensement. Elle tient en réserve comme moyen
d'action l'*union vinicole*, force de résistance et
d'aggression bien autrement énergique que les pré-
tendues franchises municipales de Toulouse. Déjà
on peut trouver des traces de la base sur laquelle
elle compte appuyer ses projets ultérieurs dans le
langage de ses journaux. Qu'on rapproche les
explications qui précèdent des lignes suivantes
empruntées à l'*Emancipation* du 22 juillet.

« *Depuis longtemps il couve dans le Midi une irri-*
» *tation extrême contre le Nord. Les injustices dont*
» *nous sommes depuis tant d'années l'objet, ont pro-*
» *fondément ulcéré les cœurs*, et pour ne pas se
» produire au grand jour, les haines que la con-
» duite du gouvernement a suscitées, n'en sont
» pas moins réelles et incontestables. On croit
» que parce que nous sommes d'un naturel pai-
» sible, les affronts qu'on fait subir à nos suscep-
» tibilités, ou *les lésions que nos intérêts supportent*

» ne font qu'effleurer nos ames, etc. . . . .

» *Tant que le pouvoir sera injuste envers nous comme*

» *il l'a été depuis dix ans, il entretiendra des senti-*

» *ments d'irritation qui tôt ou tard lui deviendront*

» *funestes.* »

Est-ce un appel bien formulé aux intérêts agricoles qui sont en souffrance dans le Midi? Il ne s'agit plus là du recensement et des franchises municipales de Toulouse. Comprend-on l'importance funeste que pourrait prendre l'*union vinicole*, si elle se laissait dominer par les agitateurs, et à quelle fin ils se hâtent d'organiser et de rattacher par un lien fédéral les comités vinicoles dans tout le Midi?

Est-ce à dire que je croie à la possibilité d'une révolution matérielle à faire dans le Midi par l'*union vinicole* déviée et métamorphosée en *union politique?* — Mon Dieu, non : d'abord j'espère que l'union vinicole, et ceci est d'un haut intérêt pour le Midi, saura se préserver de la funeste influence qui voudrait l'absorber. Ensuite, et si elle se laissait détourner de sa mission économique, l'union vinicole ne ferait pas dans les provinces ce que les sociétés secrètes n'ont pu faire à Paris. Mais elle ferait une révolution morale. Elle transporterait l'émeute dans les départements. Elle y propagerait l'esprit anarchique. Elle constaterait la faiblesse et l'incertitude du pouvoir. Elle mettrait la main à sa destruction morale jusqu'au jour où, miné de toutes parts, il s'affaisserait sur lui-même. Ce ne sont pas tant les secousses violentes qui sont à redouter pour le pouvoir que sa désorganisation lente, progressive, silencieuse.

On a beaucoup critiqué la conduite des agents du pouvoir dans l'affaire de Toulouse. Le cabinet les a frappés de révocation. Le cabinet a été, probablement à son insu, illogique en cela.

Dans l'impossibilité d'expliquer la conduite des fonctionnaires, parce qu'on n'a pas voulu aller au fond des choses, on a été jusqu'à les accuser de lâcheté, accusation ridicule et injuste, s'il en fut. Ce n'est pas le courage qui manque en France aux administrateurs. Mais pour un homme intelligent, ce qu'on appelle le courage, surtout dans l'ordre civil, n'est pas seulement un fait matériel, c'est un fait intelligent. Le courage d'un sot ne mérite guère ce nom. C'est une espèce d'élan brutal qui n'a pas conscience de lui-même, et qui ne vaut ni l'éloge ni le blâme. Dans une situation fausse, l'homme le plus résolu paraîtra manquer de courage; dans une situation vraie, un homme d'une énergie médiocre, paraîtra agir avec courage. Du terrain plus ou moins résistant sur lequel il marche, dépend le plus ou moins d'assurance du voyageur. Comment ne pas chanceler sur un sol qui se dérobe?

Il y a longtemps qu'on a voulu faire de M. Mahul un homme ridicule. C'est déjà une forte probabilité pour que ce soit un homme de cœur.

Quant à M. Plougoulm, ses ennemis eux-mêmes n'ont admis qu'avec un étonnement négatif la supposition d'un défaut d'énergie chez lui. Non, M. Mahul et M. Plougoulm ne sont pas des hommes pusillanimes, ce sont des gens de cœur qui se sont trouvés dans une situation fausse, et l'*hésitation* de leur conduite a été la conséquence de cette situation.

Déterminons bien cette situation.

Le but et le résultat de la coalition parlementaire a été d'opérer un mouvement de conversion dans le pouvoir en France. De monarchique, il est devenu démocratique. Il n'y a plus eu de ministres du roi ; il n'y a plus eu que les ministres de la chambre, de la majorité matérielle, quelle que fût sa nature morale, par conséquent des électeurs, de la garde nationale, de la démocratie en un mot.

Le pouvoir a changé de place. Il était en haut, aujourd'hui il est en bas. Il s'en est suivi une perturbation complète dans les rapports des agents du pouvoir avec le pouvoir. Nominalement le pouvoir était toujours d'origine royale : de fait il était d'origine démocratique. Les fonctionnaires pouvaient hésiter entre l'apparence et la réalité. Ils s'appelaient encore les *gens du roi*, mais ils étaient en réalité *les gens* de la démocratie. Ils étaient les préfets, les procureurs généraux, les généraux, de la souveraineté du peuple. De vieilles formules et un reste d'habitude les enchaînaient encore jusqu'à un certain point à leur ancienne origine. De là, hésitation momentanée chez quelques uns entre le pouvoir de fait et le pouvoir de nom.

Mais quand la marche des évènements plaçait les administrateurs dans une situation extrême où il fallait se prononcer matériellement, où il fallait agir contre la souveraineté du peuple ou contre le pouvoir royal, le choix des administrateurs ne pouvait être douteux. Ils devaient obéir au pouvoir de fait et déserter la cause du pouvoir nominal.

Rien de plus logique que cette conduite.

Sous l'ancienne monarchie, un intendant ou un gouverneur de province qui eût résisté à main armée au pouvoir royal, eût été justement considéré comme rebelle et traité comme tel.

La raison en est simple; l'intendant ou le gouverneur n'était que le délégué du pouvoir royal; il était le pouvoir royal lui-même. Or, le pouvoir ne peut agir contre ui-même. Une telle rébellion eût été une monstruosité en logique et un crime punissable en fait.

Sous le régime parlementaire, le pouvoir, c'est la démocratie, c'est le peuple. Les agents du pouvoir sont les délégués du peuple. Ils sont le peuple lui-même en tant que pouvoir. Or le pouvoir, qu'il soit démocratique ou monarchique, ne saurait agir contre lui-même, et c'est ce qui arriverait si un préfet ou un procureur général agissait contre la volonté du peuple.

D'ailleurs pour résister, il faut avoir derrière soi une force positive et constante.

Un fonctionnaire n'est pas un être isolé; un fonctionnaire n'est fonctionnaire que parce qu'il s'appuie sur quelque chose. Il a une origine qui fait sa force, qui fait son être. Voulez-vous qu'il s'appuie sur une chose qui n'existe pas, sur une force qui est annulée? Dès l'instant qu'il l'essayerait, il cesserait d'être. Quand on s'appuie contre le néant, on tombe.

Je le répète, il n'y a plus, il ne peut plus y

avoir aujourd'hui que des préfets , des procureurs généraux , des généraux, de la démocratie , parce qu'elle est la seule force consacrée par les principes de la coalition.

S'il se rencontre un préfet, un procureur général qui résiste à la démocratie, ce sera une exception, et disons-le, une exception généreuse, mais inintelligente.

Ne voyez-vous pas que M. Petit de Bantel a perdu sa carrière administrative, parce qu'il a sévi contre l'émeute. Je ne sais si, indépendamment de ce précédent, M. Petit de Bantel est un bon ou un mauvais préfet ; mais eût-il été le premier préfet de France, croyez-vous qu'il se fût trouvé un ministre assez osé pour l'envoyer à Toulouse ? Non, certainement. Et pourquoi cela ? Parce que M. Petit de Bantel a méconnu la véritable origine du pouvoir nouveau. Il a sévi contre le pouvoir de fait , contre la souveraineté du peuple. M. Petit de Bantel n'a rien de mieux à faire aujourd'hui qu'à prendre sa retraite.

Je suis persuadé que fort peu de fonctionnaires,

et M. Mahul et M. Plougoulm entre autres, se sont expliqués à eux-mêmes la cause de leur hésitation et en définitive de leur recul en face de l'émeute. Mais l'instinct a suppléé chez eux à la logique. L'affaire de Toulouse en est la preuve. Cette preuve résulte de l'examen des faits.

Le ministre ordonne à M. Floret de procéder à l'opération du recensement, d'après certaines formes plus ou moins légales (je n'examine pas cette question). Le préfet prévoit le cas d'une résistance. Il écrit au ministre pour lui demander des instructions. Jusque-là rien que de normal. Mais voici qui est caractéristique. M. Floret *suspend* l'opération du recensement en face d'une *probabilité* de résistance. Il y a ici trois personnages dont il faut bien déterminer les rôles naturels : Le pouvoir; — un administrateur; — des administrés. Le pouvoir décide une mesure; — l'administrateur l'exécute; — les administrés résistent. Que doit faire l'administrateur? — Continuer l'exécution et en référer au pouvoir pour qu'il avise sur la résistance. Je comprends même que l'administrateur dise aux administrés : « Je vais transmettre vos observations au pouvoir supérieur; — j'espère qu'il y fera droit, mais en attendant obéissez à ce pouvoir. — S'il doit y avoir *suspension*, c'est dans votre *résistance* et non dans l'*action* du pouvoir; — car s'il en était autrement, les rôles seraient intervertis : c'est vous qui seriez le pouvoir. » Eh bien ! M. Floret fait précisément le contraire. Il suspend l'action du pouvoir, ou plutôt il reconnaît que le pouvoir réel est dans la volonté populaire, et il lui obéit incontinent. M. Floret a compris la situation. C'est un homme d'esprit qui a devant lui un bel avenir administratif.

Le cabinet révoque M. Floret, et envoie à sa place M. Mahul. M. Mahul a pour mission de faire ce que M. Floret n'a pas voulu faire. Il faut bien qu'il essaie : c'est une conséquence malheureuse de son point de départ. Est-il position plus fausse que la sienne? Il vient résister à un pouvoir réel, et il n'a pour appui qu'un pouvoir nominal. On conçoit quel caractère d'hésitation cette situation étrange devait nécessairement imprimer à sa conduite. — Qu'arrive-t-il en effet? La résistance s'organise, se propage; on demande au préfet l'autorisation de convoquer la garde nationale. Remarquez bien : *la garde nationale* ; *le souverain en armes!* — M. Mahul sait fort bien que le résultat de cette convocation sera funeste à son autorité; — il n'y a point doute dans son esprit : « D'*après les dispositions* NOTOIRES » de la garde nationale et de l'administration mu- » nicipale, dit M. Mahul dans sa lettre justificative » adressée aux journaux, j'*avais dès lors la convic-* » *tion* que le résultat (apaiser l'émeute) ne serait » obtenu qu'aux dépens, jusqu'à un certain point, » de la liberté et de l'autorité publique. »

Ainsi, les résultats sont prévus par M. Mahul, résultats bien graves, car il ne s'agit de rien moins que de compromettre *la liberté et la force de l'autorité publique.* Eh bien! M. Mahul donne l'ordre, malgré ses prévisions que l'évènement a justifiées, de convoquer la garde nationale, et sur quel motif s'il vous plaît, ou plutôt sous quel prétexte? Oh! c'est ici que l'embarras de ce pauvre préfet devient d'une évidence presque comique. Il ne croit pas, dit-il, avoir *légalement* le droit de s'opposer à la convocation de la garde nationale :

« Si donc je me fusse cru *légalement* libre de re-
» fuser l'autorisation demandée, je l'aurais refusée
» sans balancer. . . . .

» J'ai reconnu *que la légalité actuelle allait peut-*
» *être tuer l'autorité* dont j'étais investi; j'ai regretté
» la faiblesse de notre législation. M. *le procureur-*
» *général a partagé mon opinion*, et me l'a manifesté
» par écrit. *Ce peut être une détermination administra-*
» *tive erronée; je désire ardemment que la question*
» *soit ainsi résolue, pour la liberté d'agir nécessaire à*
» *l'administration et dans l'intérêt de l'affermissement*
» *de la puissance publique.* »

D'abord, sous le point de vue de la légalité ad-
ministrative, le doute de M. Mahul n'est pas même admissible. Dès l'instant que la loi exige l'autorisation du préfet pour convoquer la garde na-

tionale, le préfet a le droit de refuser cette convocation; car, sans l'option du refus, quelle serait la valeur du consentement? D'après cette doctrine, la garde nationale pourrait se rassembler quand bon lui semblerait, puisque le préfet pourrait bien lui permettre de se réunir, mais lui ne pourrait pas le lui défendre. La loi ne peut avoir exigé une autorisation dérisoire.

Ensuite, en supposant qu'il y eût doute, comment M. Mahul pouvait-il mettre en balance une infraction *douteuse* à la légalité et la ruine certaine de l'autorité publique?

Non, ce n'est pas la légalité qui a arrêté M. Mahul et M. Plougoulm; la mesure était légale, et la légalité eût-elle été controversable, en pareil cas, et en présence d'aussi graves intérêts, MM. Mahul et Plougoulm n'auraient pas hésité. Ce qui les a arrêtés, c'est la conviction qu'ils avaient en face d'eux le pouvoir réel, et derrière eux un pouvoir sans réalité. Ils ont senti qu'il était illogique de résister à la souveraineté du peuple s'exprimant par la voix de l'émeute, lorsque les ministres eux-mêmes n'étaient que les agents de cette souveraineté. Résister à la garde nationale, y pensez-vous? mais la garde nationale, c'est le corps électoral. Le corps électoral fait les députés, les députés font les ministres, et les ministres font les préfets et les procureurs généraux; donc la garde nationale fait les procureurs généraux et les préfets. Il ne faut pas être un grand logicien pour arriver à cette conclusion. C'est là le secret de l'hésitation de M. Plougoulm et de M. Mahul, et la cause explicative de la désorganisation administrative en France.

Après M. Mahul, le ministère a envoyé M. Maurice Duval, qui est à coup sûr un excellent préfet. Eh bien! tout habile qu'il est, je suis persuadé que M. Maurice Duval est fort embarrassé, précisément par les motifs qui ont déterminé l'hésitation de M. Mahul et de M. Plougoulm. Son titre de commissaire extraordinaire est pour lui un embarras de plus. Il a quelque chose de dictatorial qui doit gêner celui qui le porte, parce qu'il offusque la souveraineté du peuple. Eh mon Dieu! comment M. Duval ne serait-il pas embarrassé? Le ministère l'est lui-même. Le cabinet et son commissaire extraordinaire vont passer selon les probabilités, d'une mesure de faiblesse à une mesure de rigueur, précisément parce qu'ils ne s'appuient sur rien. Un ministère adossé à une royauté réelle peut se permettre de la longanimité, de l'indulgence ; à lui seul la possibilité d'une amnistie sans suites fâcheuses. On peut être patient quand on est fort. Mais un cabinet parlementaire agit tantôt avec une extrême faiblesse, tantôt avec une rigueur inopportune. Il va par soubresaut et sans boussole sur l'océan révolutionnaire.

Il ne faut pas être un Nostradamus politique pour deviner que telle sera la marche du cabinet dans l'affaire de Toulouse, affaire qui se terminera pauvrement, et seulement parce qu'il faut bien que tout se termine.

Nous le répétons en finissant, le mal vient de ce que le pouvoir a été déplacé par la coalition.

Grace à cette irréparable faute, la puissante machine administrative, organisée par le génie de l'empereur, se décompose chaque jour davantage. Vous n'avez plus aujourd'hui ni préfets, ni procureurs généraux; bientôt vous n'aurez plus même un percepteur des contributions. Qui est-ce qui osera faire payer le peuple souverain, le peuple électeur, qui peut destituer le fonctionnaire exigeant par la boule obéissante d'un député, auquel à son tour un ministre obéit lui-même?

Chose étrange et presque providentielle, le pouvoir ministériel a fait la coalition contre le pouvoir royal : et la coalition, en détruisant le pouvoir royal, a détruit le pouvoir ministériel, qui ne puisait son indépendance et sa force que dans l'indépendance et la force de la royauté.

Je ne veux pas récriminer contre les personnes : le mal est fait. Que ceux qui l'ont fait le réparent, s'ils le peuvent : Je le désire. Le *Courrier de Bordeaux*, dans son âpre, mais prévoyante

politique, a plus d'une fois indiqué le seul re-
mède à ce mal. L'*Evangile* l'avait signalé avant le
Courrier de Bordeaux, lorsqu'il avait dit : *Rendez
à César ce qui appartient à César.*

6 août 1841.